Dear Ms. Schubert

The Lockert Library of Poetry in Translation

SERIES EDITORS
Peter Cole, Richard Sieburth, and Rosanna Warren

SERIES EDITOR EMERITUS (1991–2016)
Richard Howard

For other titles in the Lockert Library, see the list at the end of this volume.

Dear Ms. Schubert

POEMS BY

Ewa Lipska

TRANSLATED BY
Robin Davidson and Ewa Elżbieta Nowakowska

FOREWORD BY
Adam Zagajewski

PRINCETON UNIVERSITY PRESS
PRINCETON AND OXFORD

Copyright © 2021 by Princeton University Press

Requests for permission to reproduce material from this work should be sent to permissions@press.princeton.edu

Published by Princeton University Press
41 William Street, Princeton, New Jersey 08540
6 Oxford Street, Woodstock, Oxfordshire OX20 1TR

press.princeton.edu

Library of Congress Cataloging-in-Publication Data

Names: Lipska, Ewa, author. | Davidson, Robin, 1953– translator. | Nowakowska, Ewa Elżbieta, 1972– translator.
Title: Dear Ms. Schubert / poems by Ewa Lipska ; translated by Robin Davidson & Ewa Elżbieta Nowakowska.
Other titles: Droga pani Schubert. English
Description: Bilingual edition. | Princeton : Princeton University Press, [2021] | Series: The Lockert Library of poetry in translation | Originally published as Droga pani Schubert. | Description based on print version record and CIP data provided by publisher; resource not viewed.
Identifiers: LCCN 2020034541 (prin) | LCCN 2020034542 (ebook) | ISBN 9780691208473 (ebook) | ISBN 9780691207490 (hardcover) | ISBN 9780691207483 (paperback) | ISBN 9780691207490q(hardcover) | ISBN 9780691207483q(paperback) | ISBN 9780691208473q(ebook)
Subjects: | LCGFT: Poetry.
Classification: LCC PG7171.I63 (ebook) | LCC PG7171.I63 D7613 2021 (print) | DDC 891.8/518—dc23
LC record available at https://catalog.loc.gov/vwebv/search?searchCode=LCCN&searchArg=2020034541&searchType=1&permalink=y
LC record available at https://catalog.loc.gov/vwebv/search?searchCode=LCCN&searchArg=2020034542&searchType=1&permalink=y

British Library Cataloging-in-Publication Data is available

Editorial: Anne Savarese and Jenny Tan
Production Editorial: Ellen Foos
Text Design: Pamela Schnitter
Jacket/Cover Design: Leslie Flis
Production: Erin Suydam
Publicity: Jodi Price and Amy Stewart
Copyeditor: Francis Eaves

Image credit (page v): *The EU*, pen and ink drawing by Sebastian Kudas (2012).

Jacket/Cover Credit: Shutterstock

The Lockert Library of Poetry in Translation is supported by a bequest from Charles Lacy Lockert (1888–1974).

This book has been composed in Minion Pro, and Medici Script.

Printed on acid-free paper. ∞

Printed in the United States of America

10 9 8 7 6 5 4 3 2 1

SPIS TREŚCI

CONTENTS

Miłość, droga pani Schubert . . . *(2013)*

FOREWORD

Ewa Lipska is a poet, a friend, someone I've known and admired for decades. Our city is Kraków, where she was born and where I arrived at the age of eighteen (I'm always late). I've usually thought of myself as a solitary being, but when I look back I see—not without a strange envy—that while I participated in the activities of a poetic group ("Teraz" or "Now," not a very sophisticated name), Ewa has been a rather solitary writer. Not in the sense of not having friends, not at all, but in that she kept her distance vis-à-vis any collective action, whether it concerned poetry or the oppositional political movement. In the times of communism, Ewa would entertain an ambivalent relation with her peers, with the literary milieu, and with institutions, a game of hide-and-seek. Ironic in her poetry, ironic in her social comportment, independent.

She was very close to Wisława Szymborska—as a younger friend, a confidante, a literary colleague, and an ally. Both of them revolted, without expressly saying so, against the conventional notion of "poetry written by women." In Poland, the cliché had been strong: ladies write soft, sentimental poems about love and flowers and that is how it should be. Keep it so. Both of them (but also Julia Hartwig or Anna Świrszczyńska) totally changed the image of the feminine lyric. There's history, politics, philosophy, and wit in their poems. There's a powerful intellectual element in them, and a dialogue with the ideas of the time. We can find in them also love and flowers, but seen through the prism of much less sentimental themes.

Ewa is perhaps even more radical in this: the main fuel of her poetry is a kind of a surrealist wit, but applied quite differently from what the French fathers of the movement postulated. It's certainly not "écriture automatique"; nor is it an exercise in "I don't know where I am." It is, rather, a distinctive voice in "the conversation of mankind," to quote Michael Oakeshott's beautiful definition of poetry: a conversation concerned with the dangers and pleasures of our time, with the stupidity and meanness of *Homo sapiens*. She ultimately defends our freedom—not the programmatic freedom of Surrealism or any other "ism," but a much simpler freedom of humanness.

Her poems are not soft, they have a tinge of an anti-lyrical energy, and yet at the same time they surprise the reader with the freshness and richness of their images and metaphors. There's no monotony here, no danger of boredom. This poetry jumps and leaps and runs.

—*Adam Zagajewski*

from

PEOPLE FOR BEGINNERS

(LUDZIE DLA POCZĄTKUJĄCYCH)

Pochodzenie, droga pani Schubert...

Pochodzenie, droga pani Schubert, to uległość wobec pamięci. Seria katastrof z północnym akcentem. Grzech porównywania gorącej czekolady z wilgotną plażą łóżka. Nieochrzczone pasjanse, posępny róż akwareli. Stenograficzne zapisy umierającej astmy. Nie starczyło mi nigdy odwagi na odzyskanie wspomnień. Korekty odsyłałem, nie czytając... Fotografie odwracałem do góry nogami. Wszyscy jesteśmy cudzoziemcami przetłumaczonymi na język niemiecki. Łączy nas wspólne zakłopotanie, droga pani Schubert, i proszę na nie nie odpowiadać poleconym listem.

Ancestry, Dear Ms. Schubert...

Ancestry, dear Ms. Schubert, is a submission to memory. A series of catastrophes with a northern accent. The sin of comparing hot chocolate with the wet beach of a bed. Unbaptized solitaires, the gloomy pink of watercolors. Shorthand records of a dying asthma. I could never muster the courage to recapture memories. I used to send back proofs without reading them ... I turned photographs upside down. We are all foreigners translated into German. What unites us is a shared embarrassment, dear Ms. Schubert, and please do not reply by registered mail.

Otchłań, która nas łączy...

Otchłań, która nas łączy, droga pani Schubert, jest niezamężna i spowinowacona z moim życiorysem. Posyłam pani zaświadczenie lekarskie, z którego wynika, że emerytowany generał Kopfschmerzen, brat mojej babki, ożeniony był z Haną Smetanową, której matka pochodziła ze znanej rodziny kupieckiej Arona Gutmana, a którego siostra wyszła za mąż za węgierskiego oficera, Janosa Gomory. Podobno spotykał się on potajemnie z Arnoldem von Moltke, pracownikiem koncernu Kruppa, któremu przekazywał tajne informacje na temat miłości. Miłości dwuznacznej, goszczącej na budzących wątpliwości listach dań. Wzywam panią na pomoc, gdyż czasami nie mogę sobie poradzić z nadużywaną przeze mnie pamięcią. Stale mam przed oczami *Sąd Ostateczny* Hieronima Boscha; do dzisiaj nie odzyskał on we mnie przytomności.

The Abyss That Brings Us Together . . .

The abyss that brings us together, dear Ms. Schubert, is single and related to the story of my life by marriage. I'm sending you a medical certificate that proves the retired General Kopfschmerzen, my grandmother's brother, was married to Hana Smetanowa, whose mother was the descendant of the well-known merchant family of Aron Gutman, and whose sister married the Hungarian officer, Janos Gomory. He, apparently, used to meet secretly with Arnold von Moltke, an employee of the Krupp firm, to whom he passed on classified information about love. Suggestive love, listed on suspicious menus. I'm calling out to you for help since at times I can't cope with my overtaxed memory. *The Last Judgment* of Hieronymus Bosch is always in my mind's eye, though it hasn't regained consciousness within me.

Powieść, którą mógłbym dla pani napisać...

Powieść, którą mógłbym dla pani napisać na fortepianie Bösendorfer, czarnej pustyni forniru, zaczynałaby się w epizodycznym sitowiu nad jeziorem Neusiedl. Czaple, derkacze, wodniki kreśliłbym zapewne z nieprzydatną estetyką. W obecności adwokata opisałbym otchłań. Jeżeli grzeszyć, to ze smakiem, droga pani Schubert. Porażka byłaby tylko zwykłym zapożyczeniem z powieści przeznaczonych do płukania bielizny.

The Novel I Could Write for You . . .

The novel that I could write for you on a Bösendorfer piano, a black desert of veneer, would begin in the episodic reeds on Lake Neusiedl. I would sketch herons, corncrakes, water rails probably in a useless aesthetic. I'd describe an abyss in the presence of an attorney. If you must sin, dear Ms. Schubert, do it in style. Failure would merely amount to plagiarizing from novels that end up as fabric softener.

from

1999

2001

2001, droga pani Schubert, to nie tylko początek
nowego wieku, ale także numer mojej wyobraźni.

Jak pani wie, już od pewnego czasu moja fikcja
miała mi za złe, że romansuję z realnością,
zrzeszając się z bezużytecznym czasem.

Zawiadamiam więc panią, iż zbliża się martwy
sezon, który, jak zawsze, spędzam na
krótkotrwałej liście zaginionych.

2001

2001, dear Ms. Schubert, is not only the beginning
of the new century. It's also the number of my imagination.
As you know, for some time now my fiction
has resented my flirting with reality,
my consorting with useless time.
I therefore inform you that the dead season is coming,
which, as usual, I plan spending on
the short-term list of missing persons.

from

ECHO

(POGŁOS)

Opera

Droga pani Schubert, w młodości często
chorowałem na operę. Operę tragiczną, która
dosypuje do życia trucizny, przebija sztyletem
strach, ginie w pojedynku, popełnia samobójstwo.
Podziwiałem śpiewaków, którzy ratowali honor
sopranu. Kiedy z arii wydobywał się ogień,
wzywali na pomoc fabułę i inne cudaczne
desenie sztuki. Jak pani wie, muzyka roznosi
choroby nieuleczalne: nokturny, serenady,
symfonie, urojenia smyczkowe. Jako pacjent sal
koncertowych, biegle nimi władam.

Opera

Dear Ms. Schubert, in my youth I often
fell sick with opera. Tragic opera, which
sprinkles poison into life, stabs a dagger into fear,
is killed in a duel, or takes its own life.
I admired those singers who saved the honor
of the soprano. When fire leapt from the aria,
they called on the plot and other bizarre artistic
motifs for help. As you know, music spreads
incurable diseases: nocturnes, serenades,
symphonies, delusions for strings. As a concert
hall patient, I have fluent command of them.

Solista

Droga pani Schubert, coraz bardziej dokucza mi
nadmiar ludzkości. Jestem popychany, trącany,
ginę w czyichś ramionach. Straszy mnie miasto.
Biegnę wzdłuż ognia do pobliskiej opery. Na scenie
jestem sam. Błazen Rigoletto. Otwieram usta
i przekręcam w gardle kontakt.

The Soloist

Dear Ms. Schubert, an excess of humanity
increasingly torments me. I am pushed, shoved,
astray in someone's arms. The city haunts me. I
run along the fire to the nearby opera. I am alone
on stage. The jester Rigoletto. I open my mouth
and flip the switch in my throat.

Pogłos

Droga pani Schubert, nie mogę wytłumić
powracającej przeszłości. Hałaśliwych kłótni
języków obcych. Nie mogę wyciszyć głośnej
gorączki naszych rozpalonych głów. Ucieczek
z domu. Przenikliwych zapachów pogrzebów
i mięty. Życia w cudzysłowie. Nie mogę wyizolować
mniejszości z krzyku większej całości. Co mówi na
to lekarz? To tylko nieleczony, chroniczny pogłos.

Echo

Dear Ms. Schubert, I can't muffle the return of
the past. The noisy quarrels of foreign languages.
I can't mute our loud hot-headed fevers.
The escapes from home. The penetrating smells
of funerals and mint. Life in quotation marks.
I can't isolate the minority from the screams
of the larger whole. What does the doctor say?
It's just an untreated case of chronic echo.

Dear Ms. Schubert . . .

(Droga pani Schubert . . .)

Miasta

Droga pani Schubert, są takie miasta, które
mogłyby zeznawać przeciwko nam. Opuszczaliśmy
je nagle i bez uzasadnienia. Goniły nas na
autostradach przerażone adresy i łóżka hotelowe.
Pamięta pani rozszerzone źrenice Wenecji?
Obrażony Manhattan? Ambitny Zurych, krewny
Tomasza Manna? Miasta urodzenia miały żal, ale
zachowywały się dumnie. Wiedziały, że wrócimy.
Jak wszystkie dzieci skruszonej starości.

Cities

Dear Ms. Schubert, there are cities that could
testify against us. We abandoned them
suddenly and for no good reason. Panicked addresses
and hotel beds chased us along highways.
Do you remember the dilated pupils of Venice?
Manhattan in a huff? Ambitious Zurich, a relative
of Thomas Mann? The cities of our birth harbored a grudge,
yet behaved proudly. They knew we'd be back.
Like all children of repentant old age.

Labirynt

Droga pani Schubert, pozdrawiam panią
z Labiryntu, wieloznacznego uzdrowiska,
które wprowadza mnie w błąd. Szukam gorących
źródeł naszej miłości, pijalni mineralnych słów,
leczniczych godzin we dwoje. Gubię się w krętych
wspomnieniach, krzyżujących się drogach;
wpadam w pułapkę geometrii. Plączę się
w kablach dat. Wszystko, co nas kochało, droga
pani Schubert, nie ma już wyjścia.

Labyrinth

Dear Ms. Schubert, I send you regards
from Labyrinth, that equivocal health resort
that leads me astray. I'm looking for the hot springs
of our love, the pump room of mineral words,
the healing hours for two. I lose my way
in winding memories, intersecting roads;
fall into the trap of geometry. I'm entangled
in cords of calendar dates. Everything that loved us,
dear Ms. Schubert, has no way out.

Diabelski Młyn

Droga pani Schubert, co mnie, hodowcę oper,
łączy z hałaśliwym sklepikarzem na mojej ulicy?
Mijam go codziennie i codziennie oferuje mi te
same zasymilowane owoce avocado. Żyjemy na
tym samym świecie, który kiedyś był prymusem
kosmosu. Sklepikarz w wolnych chwilach odwiedza
Prater, wykupuje bilet na Diabelski Młyn i uczy się
bać. „Wie pan, boję się za każdym razem i za
każdym razem, kiedy wracam do domu, dopisuję
na wiszącej na ścianie kartce kolejny krzyżyk".
Wczoraj rano byłem na Praterze, droga pani
Schubert. Nieruchomy Diabelski Młyn tonął we
mgle. Było zimno. Zmarzłem. Kasa była zamknięta.
Czyjś wilgotny głos wzywał mnie
do natychmiastowego powrotu.

Ferris Wheel

Dear Ms. Schubert, what do I, a breeder of operas,
have in common with the noisy shopkeeper
on my street? Every day I pass by him and every day
he offers me these same assimilated avocados.
We live in the same world, once at the top of its class
in the universe. The shopkeeper spends
his free time visiting Prater Amusement Park,
buys a ticket for the Ferris Wheel, and learns fear.
"You know, I'm scared every time, and every time,
when I get home, I mark another cross on a slip
of paper tacked to the wall." Yesterday morning
I was at Prater, dear Ms. Schubert. The motionless
Ferris Wheel was swamped in fog. I was cold. Frozen.
The ticket booth was closed. Someone's moist voice
called me to return, immediately.

Bohater powieści

Droga pani Schubert, bohater mojej powieści
dźwiga kufer. W kufrze ma matkę, siostry, rodzinę,
wojnę, śmierć. Nie jestem w stanie mu pomóc.
Wlecze ten kufer przez dwieście pięćdziesiąt stron.
Opada z sił. I kiedy wreszcie wychodzi z powieści,
zostaje ze wszystkiego okradziony. Traci matkę,
siostry, rodzinę, wojnę, śmierć. Na forum
internetowym piszą, że dobrze mu tak.
Może jest żydem albo karłem? Świadkowie
twierdzą, że będą milczeć na ten temat.

The Hero of the Novel

Dear Ms. Schubert, the hero of my novel
lugs around a trunk. It holds his mother, sisters,
family, war, death. I'm not able to help him.
He drags this trunk through 250 pages.
He's sapped of energy. And when he finally exits
the novel, he's robbed of everything.
He loses mother, sisters, family, war, death.
It serves him right, say the posts on an Internet forum.
Maybe he's a Jew or a dwarf? Witnesses claim
they will remain silent on the subject.

Piorun

Droga pani Schubert, nie przetłumaczę pani tych
słów, których nie wypowiedziałem. Były zaplątane
w dziecinny wykręt. Na łące parowały krowy,
a my biegliśmy w miejscu, jakby nas trafił piorun.

Lightning

Dear Ms. Schubert, I won't translate the words
for you I never said. They got all tangled up
with childish excuses. Cows were evaporating
in the meadow, while we ran in place,
as if struck by lightning.

Roztargnienie

Droga pani Schubert, czy zauważyła pani,
że Czas jest ostatnio coraz bardziej roztargniony?
Matematycy, pianiści liczb, mówią, że jego dni
są policzone. Może właśnie dlatego na pogrzebie
mojego przyjaciela Czas składał przez roztargnienie
kondolencje zdumionej śmierci.

Absentmindedness

Dear Ms. Schubert, have you noticed how
Time's been increasingly distracted lately?
Mathematicians, those pianists of metrics, say
its days are numbered. Maybe that's why
at my friend's funeral Time so absentmindedly
offered condolences to bewildered death.

Spowiedź

Droga pani Schubert, śniło mi się,
że się spowiadam. Jak pani wie, jestem
człowiekiem niewierzącym, i sen mnie zaskoczył.
W konfesjonale siedziała kobieta i to jej,
jednym tchem, opowiadałem historię Nibelungów.
Mówiłem o nienawiści, miłości, zemście.
Kobieta wybuchła śmiechem i rozpadła się w pył.
Ponieważ mam lęk przed odwagą, natychmiast się
obudziłem.

Confession

Dear Ms. Schubert, I dreamed
I went to confession. As you know, I'm
not a believer, and the dream took me by surprise.
A woman sat in the confessional and it's to her
that, in a single breath, I told the story of the Nibelungs.
I spoke of hatred, love, revenge.
The woman burst out laughing and turned to dust.
Because courage frightens me, I immediately
woke.

Język

Droga pani Schubert, piszę do pani w języku
polskim. To dziwny język. Przykleja się do
podniebienia. Trzeba go stale tłumaczyć na języki
obce. Ma czasami tępy zapach i smakuje jak
apatyczna musztarda. Bywa, że rozkręca się
w miłości. Pamięta pani ten leksykalny zawrót
głowy, kiedy biegliśmy przez plażę, a deszcz
zmywał nam resztki mowy z ust?

Language

Dear Ms. Schubert, I'm writing you in
Polish. A strange tongue. It sticks to the palate.
It has to be translated, constantly,
into foreign languages. Sometimes it gives off
a dull smell and tastes like apathetic mustard.
Sometimes though, it relaxes in love.
Do you remember how dizzy our words were
when we ran along the beach, and rain
washed from our mouths the remnants of speech?

Historia

Jak wejść do historii, droga pani Schubert?
Szturmem, jak tyrani? Nieśmiało, jak poeci?
Oklaskiwać ją, kiedy bisuje na życzenie
publiczności? Jakiej publiczności? Milczeć,
kiedy wysyła na przeszpiegi przypadek i los?
Czy można z niej wyjść? Doświadczony pożar
stuka się w czoło ognia.

History

How, dear Ms. Schubert, does one go down in history?
By storm, like tyrants? By guile, like poets?
By applauding the encore it makes
at the request of the audience? Which audience?
Or keeping quiet when it sends on chance and fate
as its spies? Can one actually make an exit?
A seasoned fire shoots down the thought in flames.

Bracia Grimm

Droga pani Schubert, sąsiad do mnie:
„Wróciłem do dzieciństwa, aby już więcej nie
czytać Dostojewskiego, Nietzschego, Marksa.
Teraz czytam bajki. Kiedy jechałem do portu,
aby odebrać prochy mojej matki płynące
z Australii, wpatrywałem się bezskutecznie
w zachodzące słońce. Czerwona kula toczyła się
w miejscu. Od jutra może mnie pan spotkać
jedynie pod moją nieobecność. Jestem u braci
Grimm".

The Brothers Grimm

My neighbor, dear Ms. Schubert, tells me:
"I've returned to childhood, so as not to read
Dostoyevsky, Nietzsche, Marx any longer.
Now I read fairytales. When I drove to the harbor
to pick up my mother's ashes, shipped
from Australia, I stared in vain
into the setting sun. The red sphere
was rolling in place. From tomorrow on
you'll find me only in my absence.
I'm staying with the Brothers
Grimm."

Kasyno

Droga pani Schubert, nieprzydatny do niczego los
zawiódł mnie do kasyna. Powitał mnie gwar
żetonów, napar z liści hazardu, mosiężny wzrok
krupiera. Stawiam zawsze na nasze nieparzyste
numery, droga pani Schubert, i na czerwone pola,
fragmenty naszych zadłużonych spacerów.
Z „teorii prawdopodobieństwa" wynika, że oko
ruletki nie jest okiem opatrzności. A stojący na
czatach przed kasynem marmurowy pies leży na
przegranej pozycji.

Casino

Dear Ms. Schubert, good-for-nothing Fate
led me into the casino. I was greeted by the bustle
of chips, a concoction of gambling leaves,
and the brass glances of a croupier. I always bet
on our odd numbers, dear Ms. Schubert,
and the red squares, chits of our debt-laden strolls.
From "probability theory" it follows that
the eye of roulette is not the eye of Providence.
And a marble dog standing watch in front
of the casino is positioned for
a losing streak.

Głupota

Droga pani Schubert, od dłuższego czasu
obserwuję głupotę. Światowy bestseller. Napina
mięśnie w toksycznej siłowni. Stepper. Hantle.
Sztangi. Pewna siebie kondycja. Podobno istniała
już przed swoim narodzeniem. Święta ikona
muskułów. Gadatliwa jak pióropusz słów na
chronicznym dopingu.

Stupidity

Dear Ms. Schubert, I've been observing
stupidity for quite some time now. It's a hit worldwide.
It flexes its muscles in a toxic gym. StairMaster.
Barbells. Weights. A confident fitness.
Apparently from even before birth. A holy icon
of rippling flesh. Rattling on like a plume of words
chronically doped.

Testament

Droga pani Schubert, piszę do pani z Amsterdamu,
gdzie dostałem stypendium na napisanie
testamentu. Naszą miłość zapisałem Przeszłości,
którą, jak zawsze, odkładamy na Przyszłość.
Wyrwałem ją ze snu. Wschodziły jaskółki.
Niebo było zbędne.

Last Will and Testament

Dear Ms. Schubert, I write you from Amsterdam,
where I received a fellowship to draw up
a last will and testament. To the Past, I bequeathed
our love, which, as always, we postpone to the Future.
I roused it from sleep. Swallows were rising.
The sky was unnecessary.

Neron

Droga pani Schubert, nie udzieliłem głosu swojej
wyobraźni, a jednak się stało. Kolacja z Neronem
w hotelu Hassler w Rzymie. „Czy dalej o mnie
plotkują?" Ależ Lucius, mówię, mają teraz inne
problemy, dolar jest umierający. Jemy pory z oliwą.
Dokoła nas kręcą się sukienki Gucci. Masz dzisiaj
koncert, mówię, grasz na lutni, czytasz wiersze.
W okolicy śmierci zawsze panuje nieznośny żar,
ale kto o nim jeszcze pamięta?

Nero

Dear Ms. Schubert, I didn't yield the floor
to my imagination, and yet it happened.
Dinner with Nero at the Hotel Hassler in Rome.
"Are they still gossiping about me?" But Lucius,
I say, they have other problems now, the dollar
is dying. We eat leeks with oil. Gucci dresses
swirl around us. You're having a concert today,
I say, you're playing the lute and reading poems.
It's always unbearably hot in the vicinity of death,
but who remembers?

Dom

Droga pani Schubert, czasami czuję się jak
wystawiony na sprzedaż dom. Jest we mnie sześć
pokoi, są dwie kuchnie, trzy łazienki i jeden
przygarbiony strych. Teoretycznie mam dwa
wyjścia, ale od podwórza wiecznie zamknięte.
Stoję we wszystkich oknach i patrzę na drzewo,
które, jak fragment nienapisanej prozy, szumi,
aby zagadać strach.

Home

Dear Ms. Schubert, sometimes I feel like
a house put up for sale. Inside me are six
bedrooms, two kitchens, three bathrooms, and one
hunched-over attic. Theoretically, I have two exits,
though the one to the backyard's always kept closed.
I stand in all the windows and look out at the tree,
which, like a fragment of unwritten prose,
rustles, to outtalk fear.

Sen

Droga pani Schubert, śniła mi się wojna. Od stóp
do głów. Na szczęście niebo przechowało się
w piekle, wiara w grzechu, ogień w ogniu.
Jednym głosem milczały chóry, kiedy myłem
w łazience zęby. Noc miała na sobie zapalną
sukienkę z czarną gwiazdką.

Dream

Dear Ms. Schubert, I dreamed of war. From head
to toe. Heaven, fortunately, survived within hell,
faith within sin, fire within fire.
In unison, choirs remained silent, as I was brushing
my teeth in the bathroom. The night
was wearing an inflammatory dress with
a dark star.

Film

Droga pani Schubert, polecam pani komedię science fiction pod tytułem *Depresja*. Rzecz dzieje się nad Morzem Martwym, zwanym Asfaltowym. Nazwa pochodzi od krystalicznej powłoki, która tworzy się na przesyconej solą powierzchni wody. W tym jubilerskim krajobrazie ląduje pojazd kosmiczny, z którego wysiada zdumiony i zdezorientowany bohater filmu. Fabuła prowadzi nas do ordynacji doktora Zeita, który aplikuje swoim pacjentom musujące tabletki: „czas forte". Nasz bohater wypija je w dużych ilościach, wierząc, że będzie żył wiecznie, bez utraty pamięci. Zapatrzony w przyszłość, nie dostrzega, że odrywa się od Galaktyki. Zapewne nie przeczytał dokładnie ulotki na temat działań niepożądanych „czasu forte" i jego wpływu na prowadzenie pojazdów i obsługę maszyn. Nie będę pani opisywał anegdotycznych sytuacji z filmu, ale muszę opowiedzieć o ostatniej scenie, która zaważyła na moim życiu. Otóż kompletnie pijany trzeci Jeździec Apokalipsy spada z konia, gubiąc trąbę, trzecią część rzek i źródła wód. Ta scena wróciła ze mną do domu, droga pani Schubert. Trzeci Jeździec Apokalipsy śpi teraz w moim pokoju. Patrzę na jego dziecinną i spokojną twarz i aż trudno uwierzyć, że to on właśnie zamieszany jest w historię gwiazdy Piołun.

Film

Dear Ms. Schubert, I'd like to recommend
a comedy called *Depression*. It's science fiction,
and set in the Dead Sea, otherwise known as the
 Asphalt Sea. The name comes from the crystalline shell
 that forms on the salt-saturated surface of the water.
Into this jeweled landscape, a spaceship lands
from which the film's protagonist, astonished
and confused, emerges. The plot takes us
to the office of a Doctor Zeit who prescribes
his patients effervescent tablets of "Time Forte."
Our hero gulps them down in large quantities,
believing he'll live forever without losing his memory.
Gazing into the future, he doesn't notice
he's breaking away from the Galaxy. He may not
have thoroughly read the leaflets on the side effects
of "Time Forte" and its influence on anyone
operating vehicles and heavy machinery.
I won't describe the movie's various twists and turns,
but I have to tell you about the last scene
that's affected my entire life. Well, completely drunk,
the Third Rider of the Apocalypse falls from his horse,
losing his trumpet, a third of the rivers, and the springs
of the waters. This scene has returned home with me,
dear Ms. Schubert. The Third Rider of the Apocalypse
is now asleep in my room. I'm looking at
his childlike, serene face and it's difficult to believe
he's the same rider mixed up with the story
of the Wormwood Star.

Lustro

Droga pani Schubert, zdarza mi się, że widuję
w lustrze Gretę Garbo. Jest coraz bardziej podobna
do Sokratesa. Może przyczyną jest blizna na szkle.
Pęknięte oko czasu. A może to tylko gwiazda,
która szczeka w lokalnej bulwarówce.

Mirror

Dear Ms. Schubert, sometimes I happen to see
Greta Garbo in the mirror. She looks more and more
like Socrates. Maybe it's due to a scar on the glass.
The cracked eye of time. Or maybe it's just
a star barking in the local tabloid.

Literówka

Droga pani Schubert, jak pani wie, krążą koło nas
historie, które się nie zdarzyły. Kiedyś podeszła do
mnie kobieta i powiedziała: „Jestem Data, chociaż
nie ma we mnie żadnego miejsca ani czasu. Nie
kręcą się koło mnie żadne epokowe wydarzenia,
a szyfonowy kalendarz, który czasem na siebie
narzucam, to pustostan. Razi mnie ścięte światło
w wazonie i ta wasza ludzkość, nieznośna
literówka kosmosu". Pyta pani, kiedy się to nie
zdarzyło? Nie potrafię powiedzieć.

A Typo

Dear Ms. Schubert, as you know, stories that never
happened circulate among us. Once a woman
came up to me and said, "I am a Date, though
there is no place or time within me. No
epoch-making events are associated with me.
And the chiffon calendar I sometimes throw on is
a vacant apartment. What I find glaring is the
truncated light in a crystal vase, and this humanity
of yours, an unbearable typo in the Universe."
So you ask, when didn't this happen? I can't say.

Wagner

Droga pani Schubert, pisze pani, że Tristan
„przybył na ziemię przez smutek". Kiedy miłość
zagląda w oczy, budzą się instrumenty dęte.
Nie chcę poznać osobiście Richarda Wagnera,
proszę mnie umówić tylko z jego muzyką.

Wagner

Dear Ms. Schubert, you write that Tristan
"came to earth through sadness." When love
looks into our eyes, wind instruments awaken.
I wouldn't want to meet Richard Wagner in person—
Please, just make me an appointment with his music.

Teraz

Droga pani Schubert, noszę już na sobie Jutro.
Płaszcz Przyszłości, który mi pani uszyła w naszej
wczesnej młodości. Czy pamięta pani jeszcze puls
guzików, na które zapinaliśmy się?

Now

Dear Ms. Schubert, I'm already wearing my Tomorrow.
The Coat of the Future, which you sewed in our early
youth for me. Do you remember the throbbing
buttons we used to fasten?

Suplement diety

Droga pani Schubert, do czego najchętniej
wracamy? Do starej mody ulic? Do pierwszych
projektantów miłości? W żurnalu sypialni bezsenne
modystki w kolorze północnym. Amulety. Kolekcje.
Rewie. I dzieciństwo. Trzy razy dziennie, jako
suplement diety.

Dietary Supplement

Dear Ms. Schubert, what do we most want to return to?
Vintage street fashions? The first designers of love?
The northern color scheme of insomniac milliners
in a bedroom's fashion magazine. Amulets. Collections.
Variety shows. And childhood. Three times daily,
like a dietary supplement.

UE

Droga pani Schubert, czy pamięta pani jeszcze
Unię Europejską? XXI wiek. Ileż to już lat . . .
Pamięta pani ekologiczną kaszę? Depresję luksusu?
I nasze łóżko pędzące Autostradą Słońca? To nasza
młodość, droga pani Schubert, i chociaż zegary
upierają się przy swoim, trzymam ten czas mocno
w garści.

The EU

Dear Ms. Schubert, do you remember the European Union?
The twenty-first century. It's been years now . . .
Do you remember organic kasha? Luxury's depression?
And our bed rushing along the Sunshine Highway?
It's our youth, dear Ms. Schubert, and though clocks
insist on their own count, I keep a tight
grip on this time.

Pytanie

Droga pani Schubert, nie mogę odpowiedzieć
na pani pytanie, kto „odziedziczy ten świat".
Historia milczy na ten temat. Z niejasnych
powodów z lecącego ptaka wiadomości
wyrwano ostatnią kartkę.

Question

Dear Ms. Schubert, I can't answer
your question, who "shall inherit the earth."
History is silent on the subject. For some
unknown reasons the last page was torn
out of the flying bird of messages.

Pamięć

Droga pani Schubert, pisze pani, że zapomina
o nas pamięć. Tak, to prawda. Pod jej nieobecność
wycofałem nasze papiery wartościowe, sprzedałem
obligacje i futro z czarnego lisa, w którym
przeżyliśmy burzę. Nie wiem, dlaczego omija
szerokim łukiem miejsca naszych łakomych
spotkań i nie poznaje adresów, pod którymi
mieszkała. Ktoś widział ją, jak otoczona
kamiennymi pomnikami, rozsypywała nas
przez roztargnienie.

Memory

Dear Ms. Schubert, you write that memory
forgets about us. Yes, that's true. In its absence
I withdrew our securities, sold our bonds
and that black fox fur coat in which we
survived a storm. I don't know why memory
avoids the places of our greedy rendezvous
and doesn't recognize the addresses
where it used to live. It was last seen
among stone monuments, scattering us
absentmindedly.

Poezja

Droga pani Schubert, dobrze, że jest jeszcze
taki kraj, który jest wszędzie i nazywa się Poezja.

Poetry

Dear Ms. Schubert, it's good there's still
a country that's everywhere, called Poetry.

Love, Dear Ms. Schubert . . .

(Miłość, droga pani Schubert . . .)

Wielki Zderzacz Hadronów

Droga pani Schubert, ponieważ wierzę w życie pozagrobowe, spotkamy się na pewno w Wielkim Zderzaczu Hadronów. Zapewne będzie pani cząstką liczby, którą dodam do siebie. Suma nie będzie wymagała żadnego wyjaśnienia. To mniej więcej tyle ile wynosi miłość. Minus katastrofa.

The Large Hadron Collider

Dear Ms. Schubert, because I believe in an afterlife,
we're bound to meet in the Large Hadron Collider.
You'll probably be a fraction of the number I'll add
to myself. The sum won't require any explanation.
It's more or less what love equals. Minus disaster.

Fortepian

Droga pani Schubert, stroiciel fortepianów usiłował uspokoić naszego rozdygotanego Steinwaya. Jego serce tłukło w rezonansowym pudle jak młot. Trzeba było zmienić skok klawisza i skrócić odległość uderzeń młotków od strun. Więc zagrajmy to jeszcze raz, droga pani Schubert, bo przecież jest jeszcze za wcześnie, aby było już za późno.

Piano

Dear Ms. Schubert, the piano tuner tried to calm our shaky Steinway. Its heart pounded in a resonant box like a hammer. He had to change the pitch of the key and shorten the distance of the hammer strokes from the strings. So let's play it again, dear Ms. Schubert, because it's still too early to be too late.

Nadmiar pamięci

Droga pani Schubert, co zrobić z nadmiarem pamięci? Włóczyłem się z nią po nieznanych miastach i kontynentach. Zostawiałem w przechowalniach bagażu i w miejskich bibliotekach. Ale zawsze odnajdywała mnie w porzuconych wspomnieniach, w listach, w snach. Kiedyś została napadnięta przez lęk, który zażądał, aby oddała mu całą biżuterię. Pamięć stawiała opór, ale lęk wyrwał jej kilka diamentowych lat. Czy byłaby pani gotowa przyjąć część mojej pamięci do swojego przeznaczenia? Niech pani nie ignoruje tej propozycji, która przecież nie przyznaje się jeszcze do klęski.

Excess Memory

Dear Ms. Schubert, what should I do with this excess memory? I wandered with it through unknown cities and continents. I left it in luggage storage rooms and city libraries. But it always found me in abandoned memories, in letters, in dreams. Once it was assaulted by fear, which demanded that it hand over all its jewelry. Memory resisted, but fear snatched away a few diamond years. Would you be willing to incorporate some of my memory into your destiny? Do not ignore this proposal, which has yet to admit defeat.

Ciemna materia tulipanów

Droga pani Schubert, zapewne jest pani ciekawa, co zdarzyło się w mojej sypialni, kiedy trzeci Jeździec Apokalipsy nagle się obudził. Nic się nie zdarzyło. Do drzwi zadzwonił *sicario*, dziecko wulkanu, płatny morderca. Pocisk, który wybuchnął w moim ciele pięć sekund później, do dzisiaj nie daje mi spokoju. To pewnie te same nadgodziny żalu, ciemna materia tulipanów.

The Dark Matter of Tulips

Dear Ms. Schubert, you're probably curious about what happened in my bedroom when the Third Rider of the Apocalypse suddenly woke. Nothing happened. *Sicario*, the child of a volcano, a hitman, rang the doorbell. The bullet that exploded in my body five seconds later is still a nuisance. No doubt, it's just regret, working overtime, the dark matter of tulips.

Zabawa w świat

Droga pani Schubert, czy pamięta pani jeszcze zabawy w świat? Świat okrutny i zły, czający się pod naszymi łóżkami? Był na czterech kółkach i miał stalowe oko. Mówił do nas warkotem słów i używał metalowej składni. Raz zatłukłem go na śmierć. Jęczał, błagał o przebaczenie, ale i tak położyłem go trupem. Wszystko to działo się pod nieobecność historii, kiedy moja niania przygotowywała w kuchni upadek Rzymu na drugie śniadanie.

Playing *The World*

Dear Ms. Schubert, do you remember playing *The World*? A cruel and evil world lurking beneath our beds? It had four wheels and a steel eye. It spoke to us with a whirr of words and its syntax was made of metal. Once I beat it to death. It moaned, begging for forgiveness, but I killed it anyway. All this happened in the absence of history, while my nanny prepared the fall of Rome for our mid-morning snack in the kitchen.

Miłość

Droga pani Schubert, temperatura naszej miłości wynosi 1200 stopni Celsjusza. To wystarczy, aby stopiło się złoto. Czy to, co zaczęło się w ogniu, ma szanse na pożar? I czy zdążymy jeszcze uciec do chłodnej starości, która może przedłużyć nam wszystkie terminy ważności?

Love

Dear Ms. Schubert, the temperature of our love is 2,200 degrees Fahrenheit. That's enough to melt gold. Does what started as a flame stand a chance of becoming a blaze? And will we be able to escape into a cooled old age, which might extend all our expiration dates?

Cisza

Droga pani Schubert, czy pamięta pani nasz pokój w hotelu Guadalajara, w mieście Guadalajara, gdzie zachód słońca trwa krócej niż myśl? Do hotelu wchodziło się przez ciemną noc, na drugie piętro. W recepcji nigdy nikogo nie było, a nad lustrem wisiał napis: *Salida de emergencia*, czyli wyjście awaryjne, którego też nie było. Na czarnym kamiennym blacie leżały klucze, nie pasujące do żadnego z pokoi. Ale nasz pokój był otwarty. Kiedy zamknąłem drzwi, zdarzyło się coś nieoczekiwanego. Zaległa absolutna cisza. Nie byłem już w stanie usłyszeć ściekających z kranu kropel wody, ani naszych nieistniejących westchnień. Po godzinie oczekiwania na panią, zacząłem tracić orientację. Nie docierały już do mnie żadne fale dźwiękowe. Czułem, że ktoś obwija mnie szklanymi włóknami. Nie słyszałem niczyich kroków ani bicia swojego serca. Zacząłem mieć zawroty głowy, urojenia i halucynacje. Umierałem na ciszę. Temperatura w pokoju wynosiła minus osiem decybeli. Nawet walizka, która kiedyś nas pakowała, pozostawała bez echa. Kiedy strach traci słuch, droga pani Schubert, nie odważam się na nic innego poza próbą powrotu do życia.

Silence

Dear Ms. Schubert, do you remember our room at the Hotel Guadalajara, in the city of Guadalajara, where the sunset is shorter than a thought? You'd enter the hotel through the dark night, to the second floor. No one was ever at the reception desk, and a sign hung over the mirror: *Salida de emergencia*, that is, *Emergency Exit*, which wasn't there either. There were keys on the black stone counter, none of which matched any of the rooms. But our room was open. When I closed the door, something unexpected happened. An absolute silence descended. No longer could I hear drops of water dripping from the faucet, or our nonexistent sighs. After an hour of waiting for you, I began to lose my bearings. Sound waves no longer reached me. I felt someone wrapping me in glass fibers. I heard no footsteps nor the beat of my heart. I began to feel dizzy and delusional. I was dying of silence. The temperature in the room was minus eight decibels. Even the suitcase that used to pack us remained off the radar. When fear loses its hearing, dear Ms. Schubert, I don't dare do anything but try to return to life.

Nowa planeta

Droga pani Schubert, obiecuję, że znajdę nową planetę, na
której wydrukuję pani serce. Jestem zleceniodawcą kilku
proroków, na których liczę. Jak pani wie, wszystko co jest
niemożliwe nadaje się do życia.

A New Planet

Dear Ms. Schubert, I promise to find a new planet on which I'll print your heart. I am the client of several prophets I count on. As you know, everything that's impossible is cut out for life.

Wirus

Droga pani Schubert, mój sąsiad, mikrobiolog, prowadzi doświadczenia nad śmiercionośnymi wirusami, które hoduje w zakładkach do książek. Marzy mu się literacka pandemia, która mogłaby pochłonąć miliony ofiar. Ostatnio rzadko go widuję. Podobno wyjechał do miasteczka Kwarantanna, gdzie z dala od czarnych scenariuszy podejrzewa siebie o zainfekowaną zmienność losu.

Virus

Dear Ms. Schubert, my neighbor, a microbiologist, conducts experiments on deadly viruses he grows in his bookmarks. He dreams of a literary pandemic capable of claiming millions of victims. I haven't seen much of him lately. He's said to have left for the town of Quarantine, where, hiding out from noir plots, he suspects he's been infected with the whimsy of fate.

Król Edyp

Droga pani Schubert, przecież król Edyp tego nie chciał . . .
Ale wyrocznia była pierwsza. Musiał więc zabić ojca i ożenić
się z matką. Mógł przecież nie wyjeżdżać z Koryntu, albo nie
wracać do Teb. Aroganckie przeznaczenie przegląda gazetę
w pobliskiej kawiarni. W wiadomościach, jak zwykle: z ulicy
zabrano ciała, spłukano krew. Zawsze ci sami maturzyści
zbrodni, ten sam wschód słońca z akcentem na zachód.

King Oedipus

Dear Ms. Schubert, King Oedipus didn't want this . . . But the oracle came first. So he had to kill his father and marry his mother. After all, he might not have left Corinth or returned to Thebes. Arrogant destiny browses the paper at a nearby café. The headlines, as usual: bodies were removed from the street, the blood washed away. Always the same sophomores in crime, the same sunrise with the accent on sun*set*.

Umarli

Droga pani Schubert, coraz częściej śledzimy umarłych. Monitorujemy miejsca, w których już ich nie ma. Zabezpieczamy ślady słów. Suchą karmą Bento Kronen Light przekupujemy Cerbera, trójgłowego psa. Obserwujemy śmiertelny zbieg okoliczności. ścigamy wzrokiem nieobecność. I cały czas, niepostrzeżenie, idziemy za nimi. A z nich tylko zima . . .

The Dead

Dear Ms. Schubert, we're tracking the dead, increasingly.
We monitor the places where they no longer exist. We
collect and preserve the traces of words. We bribe
Cerberus, the three-headed dog, with Bento Kronen Light
dry dog food. We observe a fatal coincidence. We hunt
down absence with our eyes. And all the while,
imperceptibly, we follow them. And from them, nothing
but winter . . .

Tęsknota

Tęsknota, droga pani Schubert, to sklep z artykułami metalowymi. Nakrętki, śruby, gwoździe. Na ścianie certyfikat dłużących się godzin. Aukcje na Allegro. Do tego wkręcająca się bez przerwy pamięć. Do gipsu. Do drewna. Do betonu. Stalowa wskazówka zegara, która wypada z oka. I długa nierdzewna noc, zestaw do montażu.

Longing

Longing, dear Ms. Schubert, is a hardware store. Nuts, bolts, nails. A certificate for the slow hours hanging on the wall. Auctions on eBay. To top it off, the memory screws relentlessly. Into plaster. Into wood. Into concrete. A clock's steel hand falls out of the eye. And the long stainless night, an assembly kit.

Złudzenie

Droga pani Schubert, mój przyjaciel, malarz, uważa że życie jest oszustwem. „Maluję złudzenie. Wprowadza mnie w błąd oko i fałszerstwo światła. Do tego strach talentu i przekręt ultramaryny". Przeglądam się od lat w jego autoportrecie, ścierając z ust małomówną akwarelę. Oszczędzę pani dwuznacznego pochodzenia moich pytań, których nie zadam.

Illusion

Dear Ms. Schubert, my friend, a painter, thinks life is a fraud. "I paint illusion. I'm misled by the eye and the forgery of light. As well as by this dread of talent and the scam of ultramarine." I have been scrutinizing my own image in his self-portrait for years, wiping taciturn watercolor from his lips. I'll spare you the equivocal origin of all the questions I have and won't ask.

Ciemność

Droga pani Schubert, fala uderzeniowa Ciemności jest sześć razy szybsza od kuli wystrzelonej z pistoletu. Porusza się z prędkością kilku tysięcy metrów na sekundę i naciera na mnie zawsze o tej samej porze świata.

Darkness

Dear Ms. Schubert, the shockwave of Darkness is six times faster than a bullet fired from a pistol. It moves at a speed of many thousands of feet per second and always attacks me at the same time of the world.

Sprzedawca wulkanów

Droga pani Schubert, czy pamięta pani sprzedawcę wulkanów w mieście Meksyk, który wyrzucał z siebie lawę? Gęstniała wokół nas chmura pyłu, a ja traciłem panią z oczu. Stapialiśmy się z lepkim mrokiem magmy. To nie ja panią wołałem, to krzyczały iskry, wady naszej wymowy. Szczekało ognisko psów. Temperatura spadła do minus czterech stopni Celsjusza. Czy dowiedzieliśmy się wtedy czegoś więcej o sobie? Nie jest to nigdzie zapisane, chociaż słowa już w drodze.

The Volcano Vendor

Dear Ms. Schubert, do you remember the volcano vendor in Mexico City when it was spewing lava? A cloud of dust thickened around us, and I was losing sight of you. We were melting with the viscous darkness of magma. It wasn't I who called you, it was the sparks that screamed, the defects in our speech. The dogs' campfire was barking. The temperature dropped to twenty-five degrees Fahrenheit. Did we learn anything more about ourselves? It's not recorded anywhere, although the words are already on their way.

Tryb awaryjny

Droga pani Schubert, człowiek o twarzy kolibra, który wzbił się na zawsze w powietrze, chciał nam kiedyś wynająć mieszkanie. Zdumiała nas koścista stenografia pokojów i olejny obraz kobiety, z której wyrastały skrzydła. Mówił: „Kochałem się w tej kobiecie, ale opuściła mnie na zawsze. Czy słowo na zawsze nie kojarzy się państwu z czymś efemerycznym i krótkotrwałym . . . ? Miała perfekcyjne ciało odrzutowca. Płaski, trójkątny dron. Dlatego przeprowadziłem się teraz na wojskowe lotnisko i patrzę w niebo. Czasem wydaje mi się, że leci nade mną, śmiercionośna jak nóż. Czekam na moment, kiedy w trybie awaryjnym podejdzie do lądowania . . . Chcielibyście państwo wynająć to mieszkanie?" Nie, nie chcieliśmy. I wtedy człowiek o twarzy kolibra wzbił się na zawsze w powietrze, a my, jak zwykle, w ulewie niepewności, gdzieś obok, w samym sercu, poza.

Safe Mode

Dear Ms. Schubert, once a man with the face of a hummingbird that's risen forever into the air wanted to rent us an apartment. We were amazed by the bony shorthand of the rooms and the oil painting of the woman with sprouting wings. He said: "I was in love with this woman, but she left me forever. Don't you associate the word *forever* with something ephemeral and short-lived . . . ? She had the perfect body of a jet. A flat, triangular drone. That's why I've now moved to a military airport, to watch the sky. Sometimes it seems to me that she flies over me, deadly as a knife. I'm waiting for the moment when in safe mode she will approach and land . . . Would you like to rent this apartment?" No, we didn't want to. And then the man with the face of a hummingbird rose forever into the air, and we, as usual, in a downpour of uncertainty, find ourselves somewhere nearby, in the very heart of the beyond.

Wybuch

Droga pani Schubert, niepokój, jak pani zapewne pamięta, narodził się w bibliotece pośród odurzonych zdań. Żadne z nas nie wierzyło wtedy w *Słownik Wyrazów Obcych*, który próbował nas ostrzec. Pani kartkowała nerwowo ucieczkę, chociaż będąc w promieniu pięciu metrów od wybuchu naszej miłości nie miała pani szans na przeżycie.

Explosion

Dear Ms. Schubert, anxiety, as you probably remember, was born in the library amidst intoxicated sentences. None of us then believed in the *Dictionary of Foreign Terms*, which tried to warn us. You were nervously leafing through an escape, although, being within twenty feet of our love's explosion, you stood no chance of survival.

Pamięć

Droga pani Schubert, nie wiem, dlaczego nie rozpoznała mnie pani we śnie. Musiałem się przedstawiać i wręczałem pani zaszyfrowane wizytówki. Powoływałem się na blizny na poduszce i na miasta, przez które biegły nasze telegraficzne struny głosowe. Zdawałem relacje z naszych aromatycznych koncertów. Cynamon. Imbir. Opisywałem znaki szczególne chwil: wszystkich naraz i każdej z osobna. A pani patrzyła na mnie pod światło, które ode mnie uciekało, gasło . . . I wtedy właśnie obudził mnie kaszel.

Memory

Dear Ms. Schubert, I don't know why you didn't recognize
me in the dream. I had to introduce myself and handed you
encrypted business cards. I referred to the scars on the pillow
and the cities through which our telegraphic vocal cords ran.
I was giving an account of our aromatic concerts. Cinnamon.
Ginger. I described the moments' distinguishing features: all
at once and each separately. You were watching me against
the light that escaped from me, fading . . . And that's when the
cough woke me up.

Czarne fortepiany

Droga pani Schubert, szukam pani w obcym mieście, gdzie zamiast domów stoją czarne fortepiany. Czasem daje znać o pani jakiś dźwięk o skali siedmiu oktaw, adorator naszych krótkich zdań. Liczę na mój doskonały słuch i na pani muzykalną niepewność, która plącze się w okolicy półtonów. Z tego roztargnienia wydobywa się precyzyjna nostalgia naszych erotycznych nagrań. A chciałbym pani tylko powiedzieć, że wszystko, co nigdy nie istniało, ma szansę się zdarzyć.

Black Pianos

Dear Ms. Schubert, I am looking for you in a foreign city, where black pianos have taken the place of houses. At times a sound in the seven-octave range—an admirer of our short sentences—offers a hint of you. I count on my perfect pitch and your musical uncertainty, which gets tangled up somewhere near the half-tones. Out of this distraction flows the precise nostalgia of our erotic recordings. And I'd just like to tell you that everything that never existed has a chance of taking place.

Teorie spiskowe

Droga pani Schubert, niech mnie pani nie pyta, na czyje zamówienie żyjemy i dlaczego cień podejrzenia, który padł na pani stół z pobliskiego okna rozbił figurkę Temidy z miśnieńskiej porcelany. Niech pani nie pyta o zakulisowe decyzje naszych spiskowych uczuć ani o pogłoski na temat biżuterii miast. Czy dążę do hegemonii nad panią? Przecież i tak jesteśmy już od lat w tajnym stowarzyszeniu, w którym wciąż panią czytam zdaniami z przeszłych lat.

Conspiracy Theories

Dear Ms. Schubert, don't ask me who commissioned our lives, and why the shadow of suspicion that fell on your table from a nearby window smashed the Meissen china statue of Themis. Don't ask about our conspiratorial love's decisions behind the scenes, or rumors about the gems of cities. Am I seeking absolute power over you? After all, we've been part of a secret society for years now, in which I can still read you with sentences from our past.

Nagła jasność

Droga pani Schubert, pamięta pani tę noc, kiedy rozbierała mnie pani ze słów? Ostrożnie, powoli, aby nie uszkodzić krawędzi ciemności. Wszystko wtedy zabiegało o nas: mroczne laboratoria szczęścia, wilgotne podziemia Edgara Poe, tajne służby iluminatów. A my baliśmy się tylko jednego: ciężkiego zapalenia światła, choroby, podczas której nagła jasność mogłaby nas zabić.

Sudden Brightness

Dear Ms. Schubert, do you remember that night when you stripped me of words? Carefully, slowly, so as not to damage the edges of the dark. Everything wooed us: the murky laboratories of happiness, the damp underground of Edgar Allan Poe, the secret service of the Illuminati. And we were only afraid of one thing: acute inflammation of light, a disease in which sudden brightness could kill us.

Służby specjalne

Droga pani Schubert, od pewnego czasu czuwa nad panią moja elitarna jednostka spadochroniarzy. O każdej wieloznacznej porze dnia i nocy zabierze panią z zagrożonego terytorium. I kiedy nasze chaotyczne zdania nie dotrzymają słowa, a milczenie poda się za głos. I kiedy wpadnie pani w zasadzkę nieostrożnych pytań, albo znajdzie się pani pod obstrzałem piekła. I kiedy czasy, w których żyjemy stracą nagle przytomność i dojdzie do walki wręcz. Zawsze panią odnajdę w naszej ostatniej chwili, która trwa przecież wiecznie.

Special Services

Dear Ms. Schubert, my elite paratrooper unit has been watching over you for some time. They will take you away from a threatened region at any ambiguous time, day or night. And when our chaotic sentences do not keep their word and silence passes itself off as a voice. And when you fall into an ambush of reckless questions, or you come under the artillery fire of hell. And when the times in which we live suddenly lose consciousness and it comes to hand-to-hand combat. I will always find you in our final moment, which is, after all, eternal.

Los

Droga pani Schubert, niech pani nie przyspiesza Losu; że musi, że tylko teraz, że za zakrętem w prawo ... Niech go pani nie popycha, nie nakłania, nie kusi. Jest właścicielem ziemskim. Skupuje miłość, fortunę, ogień i umarłych. Niech pani nie liczy na to, że wyjdzie z obiegu, jak marna moneta. I nigdy nie przegra. Wygra każdą klęskę, przykładając do oka pytania na przyszłość.

Fate

Dear Ms. Schubert, don't rush Fate: that *it must*, that *just now*, that *around the corner to the right* ... Don't push, don't urge, don't tempt it. It's a landowner. It buys love, fortune, fire, and the dead. Don't count on it going out of circulation, like a bad coin. And it won't ever lose. It will win every failure, holding questions as to the future up to its eye.

Co słychać

Droga pani Schubert, pyta pani, co słychać ... Nic nowego. Zbrodnie nam wydoroślały. Są już na swoim. Ten sam monolog byka idącego na szafot. Ci sami pikadorzy o dziecinnych twarzach. Ten sam kat, zblazowany dandys, torreador. Ta sama euforia rewolucji, uzbrojony po zęby wrzask, detonacje gardeł. To samo zmęczenie. Upokorzenie głodu, któremu przed nosem machamy różowym ciastkiem.

What's Up

Dear Ms. Schubert, you ask what's up ... Nothing new. The crimes have grown up and are already on their own. The same monologue of a bull bound for the scaffold. The same picadors with childlike faces. The same executioner, a blasé dandy, a bullfighter. The same euphoria of revolution, a scream armed to its teeth, a detonation of throats. The same fatigue. The humiliation of hunger, in front of whose nose we wave a pink cookie.

Fotografie

Droga pani Schubert, kiedy oglądam spróchniałe fotografie, to słyszę pani głos: „Po co ona to zrobiła? Dlaczego on nie wyjechał? Mógłby przecież przeżyć . . ." Lokalne oratoria donoszą, że tak miało być. Ale mogli przecież odebrać sobie życie z innej wypożyczalni. Lepsze, po korektach, z miłosną nawigacją. Ale mogli też odebrać sobie życie.

Photographs

Dear Ms. Schubert, when I see crumbling photographs,
I hear your voice: "Why did she do it? Why didn't he
leave? He could've survived . . ." The local oratorios
report that it was bound to happen. But they could
have taken back their lives from another rental company.
Better, revised lives, with a GPS of love. But they could
also have taken their lives.

Samotność

Droga pani Schubert, kiedy moje życie odpoczywa, odwieszam ocean. Rezygnuję z czujności słów, które mnie strzegą. Nie odzywam się do ucha. Ani do nikogo. Nie popiera mnie czas. Jest wciąż ta sama pora samotności, której nie ma, chociaż na boku coś tam sobie notuje, szkicuje, pisze kamień.

Loneliness

Dear Ms. Schubert, as my life winds down, I hang up the ocean. I relinquish the vigilance of words that protect me. I speak to no ear. Nor to anyone. Time doesn't support me. It's still the same season of loneliness, which does not exist, though it scribbles some notes, sketches, inscribes a stone.

Nasz świat

Droga pani Schubert, nasz świat, to niby odręczne pismo
Bogów, ale marny styl . . .

Our World

Dear Ms. Schubert, our world is apparently the handwriting
of the Gods, but lacking style . . .

Pomiędzy

Droga pani Schubert, zastanawiam się, gdzie zamieszkamy
Potem. Potem, czyli tam, gdzie przedtem stała fabryka, która
produkowała życie pozagrobowe. Będzie to pomiędzy tym,
czego nie zrobiliśmy i czego już nie zrobimy.

Between

Dear Ms. Schubert, I'm wondering where we'll settle
Afterward. Afterward, that is, where the factory that
produced the afterlife used to stand. It will be between
what we haven't done and what we will not do.

TRANSLATORS' AFTERWORD

Entering Ewa Lipska's Kraków second-floor apartment one brisk January day in 2004, Ewa Elżbieta Nowakowska and I encountered an aesthetic we'd already met in her poems: a curious combination of the inviting and the resistant, the opaque and transparent, where wooden bookcases lined the exterior walls while the interior walls were made of glass. As she prepared coffee, we marveled at the collection of keys hung from tiny nails above the doorframe between the entry hall and the living room. Here too was Lipska the poet—a collector who scavenges among the world's secrets, finding metaphorical ways to unlock the doors to public and private history.

Her poems' surrealist surprises reflect the poet's training in the visual arts. Lipska approaches sociopolitical concerns as a painter might, accumulating dream-like and seemingly incongruous images meant to jolt her readers out of their received habits of perception. The vitality of the poems also derives from Lipska's playful use of riddles, puns, and other verbal games, as well as Polish colloquialisms which she enjoys fracturing. Her wit is subversive, exposing as it does language in all its failings—its quotidian banalities, its superficial stereotypes, its fraudulent ideological slogans. For Lipska, the poet's task is to struggle against the relentlessness of official rhetoric and emerge with a few resonant, meaningful fragments—enigmatic postcards that record a trace of our alert presence in the world.

The sixty-one poems in this volume are taken from Lipska's several books in which the figure of Ms. Schubert appears, and they are just that—postcards, in this case, brief, intimate communiqués between a man and a woman whose relationship over time weaves a shared secret life through the public domain of wars, extremist governments, shifting economies, technologies, and languages (Polish, German, English). Making her first appearance in a 1997 volume, *People for Beginners*, Ms. Schubert is the mysterious addressee of a remarkable series of poetic missives dispatched by a Mr. Schmetterling ("butterfly" in German) whose precise identity is never directly revealed. At the outset, Ms. Schubert seems conventional, mediocre, and a bit narrow-minded in her Tyrolean hat and karakul-like coat. Her petit-bourgeois mentality and parochial attitudes are most evident during her meeting with Mr. Schmetterling in the Viennese *Café Central*: after "confiding his clothing sizes to her," he asks Ms. Schubert if she knows Thomas Bernhard, the Austrian writer famous for his harsh, uncompromising views of his homeland. Since she "is ignorant of men's clothing stores," she takes offense and leaves the café. This is the only poem in which she is explicitly called "Panna Schubert" ("Miss Schubert").

Ms. Schubert does not appear again until the concluding poem of a volume entitled *1999*, in which the poet alludes to the twentieth century's mass murders, "the short-term list of missing persons," and to the artist's role in a brutally dispiriting time. From this point forward in the poem cycle, both Ms. Schubert and Mr. Schmetterling undergo further metamorphoses. The scope of their interests and the subjects they raise broaden from one poem to the next. She becomes more sophisticated and well read, while he gradually develops more tender feelings toward her. This becomes clear in the three poems from *Pogłos* (*Echo*) included among our translations, and in the poet's recent volumes *Droga pani Schubert . . .* (*Dear Ms. Schubert . . .*) and *Miłość, droga pani Schubert . . .* (*Love, dear Ms.*

Schubert . . .), published in 2012 and 2013 respectively, and appearing here in their entirety.

In these later volumes, Ms. Schubert and Mr. Schmetterling come into focus as affectionate ex-lovers, paradoxically united by the abyss and by "a shared embarrassment." What they apparently have in common are their memories, their passion, or perhaps some other murky legacy. Yet nothing can be taken for granted, for the critical themes of Lipska's poems are ambiguity, suspicion, and doubt. Lacking any access to the details of Ms. Schubert's private life, we can never be certain of the actual sequence of events, because Time is "distracted," "useless," and its inscrutable "cracked eye" forever observes us with a cold stare. As "a long stainless night" falls, we see only blurred images in its tarnished mirror. The romantic dialogue between Ms. Schubert and Mr. Schmetterling becomes a vehicle for Lipska's interrogation not only of Time, but of History. The two personae with their German names offer the poet not merely lyric masks, but a method for commenting on a Europe in socioeconomic transition, as well as a means of interrogating those philosophical ideas which, when institutionalized, become the ideologies and catchwords upon which the political world is built.

One of the questions we faced in our translation was the choice of a designation for "Pani Schubert." In *People for Beginners*, she is initially addressed as "Panna Schubert" ("Miss Schubert"). But beginning with the poem "2001" (which appeared in the volume *1999*), she becomes "Pani Schubert." Although the use of "Pani" in Polish can suggest the marital status of any adult woman, we might assume that she is either married, divorced, widowed, or just single—at any rate, no longer a "Miss." We have deliberately chosen *Ms.*, not *Mrs.*, to emphasize her growing autonomy and independence.

A more obvious central question was how to translate most effectively Lipska's use of puns and unconventional metaphors, both products of her fertile surrealist imagination. In addition, the complexity of the poet's wit makes it a significant challenge to render these terse, gem-like poems into English. In "Tęsknota/Longing," for example, Lipska's comparison of human longing to a hardware store is particularly Dalíesque in its distortions of everyday objects: a certificate of achievement hangs on the wall in recognition of the day's slow hours, and a clock's hand falls from the eye. "Labirynt/Labyrinth," a poem whose title might typically allude to Greek myth and to Ariadne's thread, instead ruptures the classical allusion when the speaker says that in losing his way he's entangled "w kablach dat" (in cables of calendar dates)—not threads, but the electronic cords facilitating, and at the same time impeding, communication and recordkeeping in a digital age. In "Literówka/A Typo," the poet sees the light which enters a crystal vase as "cut" and "truncated"— impaired like the "glaring" typo of a failed humanity. By their reliance on ironic understatement and their deployment of unexpected images, these poems consistently unsettle the reader's assumptions about the political and historical world around them.

Another key translation concern was how best to honor the poems' diverse forms across the multiple volumes represented here. Lipska would assert that, as verse-postcards, the *Dear Ms. Schubert* ... poems are essentially prose poems. In the earliest pieces in *People for Beginners* (1997) and in the most recent appearance of Ms. Schubert in 2013, the poet uses a more traditional prose poem form with justified right margins; whereas in those Ms. Schubert poems published between 1999 and 2012, she chooses a lineation that, at first glance, mirrors lyric verse. The line endings, however, gesture toward the arbitrary margins of prose, thereby activating the anti-lyric energy of which Adam Zagajewski speaks in the foreword to this volume. Thus, we have retained these two formal strategies in our translations.

Since 1967, Lipska has published more than thirty volumes of poetry. In each of these volumes, the poet has relentlessly examined a variety of political, economic, scientific, technological, and aesthetic orthodoxies in order to question the viability of human knowledge and the often deceptive nature of our inevitably partial perceptions. That is indeed true of the poems in this collection, yet the work gathered together here (for the first time in English) offers more—a precarious balance between Lipska's deep and abiding skepticism and something like hope, emerging from her belief in the endurance of love. The recipient of these cryptic postcards, Ms. Schubert becomes the trustee of Ewa Lipska's subtle call for vigilance regarding the dangers—and the promises—that we encounter at the historical and emotional turns of our daily lives.

—*Robin Davidson and Ewa Elżbieta Nowakowska*

ACKNOWLEDGMENTS

We are deeply grateful to our dear friend Ewa Lipska for the brilliance and pleasure of her poems, for her invaluable collaboration in bringing the *Dear Ms. Schubert . . .* poems into English, and for her generous support of this collection. Our warmest thanks also go to Adam Zagajewski for his insights and generosity in crafting the foreword to this volume. We are indebted to both Ewa and Adam for bringing us together as collaborators and friends.

We are also grateful for the strong, collegial support of translators Bill Johnston and Piotr Florczyk whose ongoing encouragement and shared expertise have helped shape these translations. And our warmest thanks to poet Edward Hirsch whose championing of these translations helped find them a home at Princeton University Press.

Our deepest thanks go to the series editors of Princeton's Lockert Library of Poetry in Translation: Peter Cole, Richard Sieburth, and Rosanna Warren. These editors have been extraordinary readers and guides as they have attended to each word, each line of the poems in this volume, and to all aspects of the book's textual material and design. We are grateful for their generosity, and are thrilled to see *Dear Ms. Schubert . . .* appear in a beautiful, bilingual first edition as part of the Lockert Library. We are also grateful to all at Princeton University Press who have helped to produce the book: Anne Savarese, Jenny Tan, Ellen Foos, Pamela Schnitter, Erin Suydam, Jodi Price, Amy Stewart, as well as Leslie Flis for her strikingly lovely cover design, and Francis Eaves for his expert copyediting of all that appears here.

Special thanks go to Joanna Dąbrowska of Wydawnictwo Literackie and Małgorzata Knap of Wydawnictwo a5 for their support of our including the full volumes, *Droga pani Schubert . . .* (2012) and *Miłość, droga pani Schubert . . .* (2013), respectively, as part of this collection. And we thank Sebastian Kudas for the use of his brilliant image that first appeared in the 2012 Polish volume adjacent to the poem "UE."

We wish to thank the editors who have published early versions of these translations: Stuart Vail of *The Scream Online*, for publishing "Opera" and "The Soloist"; David Cooke, editor of *The High Window*, and Karen Kovacik, guest editor, for publishing "Cities" as part of a special 2019 issue celebrating Polish poetry; and Wayne Miller, editor of *Copper Nickel*, who has accepted "Black Pianos," "The Dark Matter of Tulips," "The EU," "Film," "The Large Hadron Collider," "A Typo," and "Wagner" for the journal's 2020–21 double issue featuring literary translation.

Thanks also to the faculty and administrators of the University of Houston-Downtown, particularly the Department of English, for their support of our shared project through organized research and faculty development grants that offered time and resources to complete the work.

And, as always, our love and thanks to Ula Nowakowska and Tony Davidson, for their steadfast support of our collaborative work as poets and translators over the past sixteen years.

—*Robin Davidson and Ewa Elżbieta Nowakowska*

BIBLIOGRAPHY

Ewa Lipska. *1999*. Kraków: Wydawnictwo Literackie, 1999.

———. *Droga pani Schubert* . . . . Kraków: Wydawnictwo Literackie, 2012.

———. *Ludzie dla Początkujących*. Kraków: Wydawnictwo Literackie, 1997.

———. *Miłość, droga pani Schubert* . . . . Kraków: Wydawnictwo a5, 2013.

———. *Pogłos*. Kraków: Wydawnictwo Literackie, 2010.

———. *The New Century: Poems*. Trans. Robin Davidson and Ewa Elżbieta Nowakowska. Evanston, IL: Northwestern UP, 2009.

ABOUT THE AUTHOR AND TRANSLATORS

Ewa Lipska (b. 1945 in Kraków, Poland), with her first collection in 1967, became associated with the Polish New Wave (*Nowa Fala*), along with poets Adam Zagajewski and Stanisław Barańczak, although she does not consider herself to be a part of any poetry movement or generation. The author of over thirty volumes of poetry, she has received numerous prestigious literary prizes, including the Robert Graves PEN-Club Award for lifetime achievement in poetry, and most recently the 2018 Jerzy Turowicz Prize for her book *Pamięć operacyjna (Operational Memory)*. Her poems have been translated into more than fifteen languages, including Albanian, Bosnian, Bulgarian, Catalan, Czech, Danish, Dutch, English, French, German, Serbian, and Spanish. From 1991 to 1997, she served as the director of the Polish Institute for the Polish Embassy in Vienna.

Robin Davidson is the author of two poem chapbooks and the collection *Luminous Other*, awarded Ashland Poetry Press's 2012 Richard Snyder Memorial Publication Prize. She is the recipient of a Fulbright professorship at the Jagiellonian University in Kraków, Poland and a National Endowment for the Arts translation fellowship. With Ewa Elżbieta Nowakowska, she is co-translator of *The New Century: Poems* from the Polish of Ewa Lipska (Northwestern UP, 2009). She served as 2015–17 poet laureate for the city of Houston, and teaches literature and creative writing as professor emeritus of English for the University of Houston-Downtown.

Ewa Elżbieta Nowakowska is a poet, essayist, and translator (of, among others, Alice Munro, Thomas Merton, and Elif Shafak). A graduate of the Jagiellonian University's Institute of English Philology, she is the author of eight poetry volumes, a book of essays, and a collection of short stories. She is the recipient of several prestigious literary awards in Poland, including the Krzysztof Kamil Baczyński Literary Prize and Kraków's Book of the Month Prize for her collection of poems *Trzy ołówki (Three Pencils)*. She lives in Kraków and teaches at the AGH University of Science and Technology.

The Lockert Library of Poetry in Translation

† Out of print

D'Après Tout: Poems by Jean Follain, translated by Heather McHught†

Songs of Something Else: Selected Poems of Gunnar Ekelöf, translated by Leonard Nathan and James Larson

The Little Treasury of One Hundred People, One Poem Each, compiled by Fujiwara No Sadaie and translated by Tom Galt†

The Ellipse: Selected Poems of Leonardo Sinisgalli, translated by W. S. Di Pietro†

The Difficult Days by Roberto Sosa, translated by Jim Lindsey

Hymns and Fragments by Friedrich Hölderin, translated and introduced by Richard Sieburth

The Silence Afterwards: Selected Poems of Rolf Jacobsen, translated and edited by Roger Greenwald†

Rilke: Between Roots, selected poems rendered from the German by Rika Lesser†

In the Storm of Roses: Selected Poems, by Ingeborg Bachmann, translated, edited, and introduced by Mark Anderson†

Birds and Other Relations: Selected Poetry of Dezső Tandori, translated by Bruce Berlind

Brocade River Poems: Selected Works of the Tang Dynasty Courtesan Xue Tao, translated and introduced by Jeanne Larsen

The True Subject: Selected Poems of Faiz Ahmed Faiz, translated by Naomi Lazard

My Name on the Wind: Selected Poems of Diego Valeri, translated by Michael Palma

Aeschylus: The Suppliants, translated by Peter Burian

Foamy Sky: The Major Poems of Miklós Radnóti, selected and translated by Zsuzsanna Ozsváth and Frederick Turner†

C. P. Cavafy: Collected Poems, Revised Edition, translated and introduced by Edmund Keeley and Philip Sherrard, edited by George Savidis

La Fontaine's Bawdy: Of Libertines, Louts, and Lechers, translated by Norman R. Shapiro†

A Child Is Not a Knife: Selected Poems of Göran Sonnevi, translated and edited by Rika Lesser

George Seferis: Collected Poems, Revised Edition [English only], translated, edited, and introduced by Edmund Keeley and Philip Sherrard

Selected Poems of Shmuel HaNagid, translated by Peter Cole

The Late Poems of Meng Chiao, translated by David Hinton

Leopardi: Selected Poems, translated and introduced by Eamon Grennan

The Complete Odes and Satires of Horace, translated with introduction and notes by Sidney Alexander

Through Naked Branches: Selected Poems of Tarjei Vesaas, translated and edited by Roger Greenwald†

Selected Poems of Solomon Ibn Gabirol, translated by Peter Cole

Puerilities: Erotic Epigrams of "The Greek Anthology," translated by Daryl Hine

Night Journey by María Negroni, translated by Anne Twitty

The Poetess Counts to 100 and Bows Out: Selected Poems by Ana Enriqueta Terán, translated by Marcel Smith

Nothing Is Lost: Selected Poems by Edvard Kocbek, translated by Michael Scammell and Veno Taufer, and introduced by Michael Scammell, with a foreword by Charles Simic

The Complete Elegies of Sextus Propertius, translated with introduction and notes by Vincent Katz

Knowing the East, by Paul Claudel, translated with introduction and notes by James Lawler

In Hora Mortis/Under the Iron of the Moon: Poems, by Thomas Bernhard, translated by James Reidel

Enough to Say It's Far: Selected Poems of Pak Chaesam, translated by David R. McCann and Jiwon Shin

The Greener Meadow: Selected Poems by Luciano Erba, translated by Peter Robinson

The Dream of the Poem: Hebrew Poetry from Muslim and Christian Spain, 950–1492, translated, edited, and introduced by Peter Cole

The Collected Lyric Poems of Luís de Camões, translated by Landeg White

C. P. Cavafy: Collected Poems, Bilingual Edition, translated by Edmund Keeley and Philip Sherrard, edited by George Savidis, with a new preface by Robert Pinsky

Poems Under Saturn: Poèmes saturniens, by Paul Verlaine, translated and with an introduction by Karl Kirchwey

Final Matters: Selected Poems, 2004–2010, by Szilárd Borbély, translated by Ottilie Mulzet

Selected Poems of Giovanni Pascoli, translated by Taije Silverman with Marina Della Putta Johnston

After Callimachus: Poems, by Stephanie Burt, with a foreword by Mark Payne

Dear Ms. Schubert: Poems by Ewa Lipska, translated by Robin Davidson and Ewa Elżbieta Nowakowska, with a foreword by Adam Zagajewski